ほし★みつきの
あみあみエキゾチックアニマル

もくじ

ヤドクガエル

コツメカワウソ

フクロモモンガ

グリーンイグアナ

ナマケモノ

セキセイインコ

ワニ

フェレット

アクセサリー

フェネック
➡ P.52

カメレオン
➡ P.54

オオハシ

➡ P.56

ハリネズミ
→ P.58

コツメカワウソ

➡ P.62

フクロモモンガ
→P.64

グリーンイグアナ

➡ P.66

エリマキトカゲ

→ P.68

メンフクロウ

➡ P.70

オカメインコ

→ P.72

カメ

➡ P.74

ナマケモノ

➡ P.76

セキセイインコ

→ P.78

ワニ
→ P.80

フェレット
→ P.82

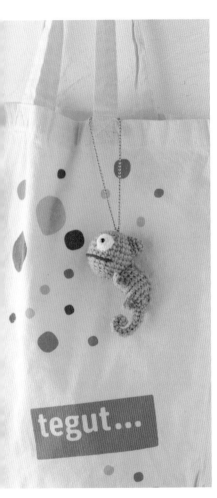

アクセサリー

作り方
カメレオン … 54ページ
メンフクロウ … 70ページ
カメ … 74ページ

あみぐるみの
作り方

編み方の基礎

ここではまず、52〜53ページのフェネックの編み図を見て編んでいきます。
作品ごとのパーツの編み図や付け方は、
各作品の作り方ページで解説しています。

● 材料と用具

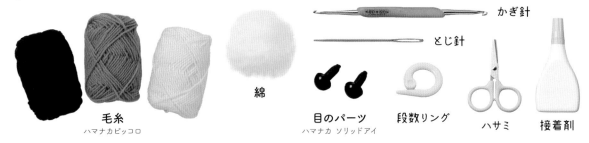

毛糸
ハマナカピッコロ

綿

目のパーツ
ハマナカ ソリッドアイ

段数リング

ハサミ

接着剤

かぎ針

とじ針

頭の作り目［わの作り目］

1

糸端が右にくるように、人差し指に糸を2回巻き付ける。

2

糸端を人差し指と中指ではさみ、親指で左の糸を押さえながら輪の右から針を入れ、一番左の糸に針をかけて引き出す。

3

引き出したところ。続けて矢印のように糸をかける。

4

矢印のように引き抜いて、立ち上がりの鎖編みを1目編む。

5

立ち上がりの鎖編み1目が編めた。

頭をつくる［1段め／細編み］

1

輪から人差し指を抜き、左手の人差し指に糸をかけ、中指と親指で輪を押さえて矢印のように輪の中に針を手前から入れる。

2

糸をかけて手前に引き出す。

3

引き出したところ。続けて矢印のように糸をかける。

4

矢印のように引き抜く。

5

引き抜いたところ。細編み1目が編めた。

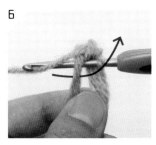

6

もう一度輪に針を入れて糸をかける。

7

引き出したところ。

8

もう一度糸をかけて引き抜く。

9

引き抜いたところ。細編み2目め
が編めた。

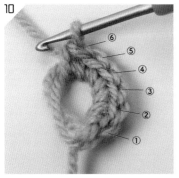

10

⑥
⑤
④
③
②
①

1～5を繰り返し、細編みを合計6目編む。

11

縮まった
方の糸

針にかかった輪を大きくして、針をはずして糸端が上にくる
ように持つ。糸端を上に軽く引くと、片方の輪が縮まる。

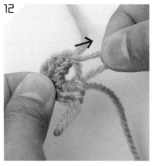

12

縮んだ方の糸を矢印の方向に引くと、
反対側の糸が縮む。

13

反対側の輪がなくなるまで引く。

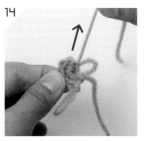

14

糸端を上に引き、もう片方の輪が
なくなるまで引く。

15

引いたところ。

16

⑥
⑤
④
③
②
①

17

細編み1目め（写真16の①）に段
数リングを付ける。

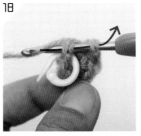

18

段数リングの目に針を入れて（鎖を
すくうように2本すくう）引き抜く。

19

引き抜いたところ。引き抜き編み
が編めて、1段めの完成。

**頭をつくる
[2段め／増し目]**

1

針に糸をかけて引き出し、立ち上がりの鎖編みを編む。

2

立ち上がりの鎖編みが編めた。

3
段数リングの目に針を入れて、糸をかけて引き出す。

4

引き出したところ。

5

糸をかけて引き抜く。

6

2段めの1目めの細編みが編めた。

7

段数リングを細編み1目めの鎖に付け替える（2段めの1目めの印）。

8
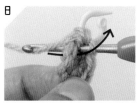
今編んだ細編みと同じ目に針を入れ、糸を引き出す。

9

引き出したところ。

10

糸をかけて引き抜く。

11

1つの目に細編みが2目編めた。

12

隣の目にも同様に細編みを2目編み入れる（写真は編み入れたところ）。

13
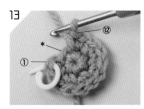
同様に2目ずつ編み入れ、合計12目編み、数を確認する。この時＊印の目は編まない。

14

段数リングの目に針を入れ、引き抜き編みを編む。

15

引き抜き編みが編めた。2段めの完成。

**頭をつくる
[3段め〜7段め]**

1
立ち上がりの鎖編みを編む（写真は編めたところ）。

2

段数リングの目に針を入れ、細編みを1目編む（写真は編めたところ）。

3

段数リングを細編み1目めの鎖に付け替える（3段めの1目めの印）。

4

隣の目に細編み2目を編み入れる（写真は編めたところ）。

5

6

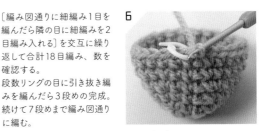

［編み図通りに細編み1目を編んだら隣の目に細編みを2目編み入れる］を交互に繰り返して合計18目編み、数を確認する。
段数リングの目に引き抜き編みを編んだら3段めの完成。続けて7段めまで編み図通りに編む。

7段めまで編んだところ。

頭をつくる
［8段め／色替え］

1

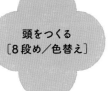

8段めの7目めまで編む。（写真は編めたところ）

2

色が変わる1つ手前の細編みの途中で糸を替えるので、8目めに針を入れて引き出したところ。

3

次の色の糸をかけて引き抜く。

4

引き抜いたところ。からし色の糸は休める。

5

色が替わり次の目に1目細編みを編んだところ。

6

続けて6目編み、合計7目編んだところ。

7

色が替わる1つ手前の細編みの途中で色を替えるので8目めに針を入れて引き出したところ。

8

4で休ませていたからし色の糸をゆったり渡してかけて引き抜く。

9

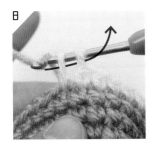

引き抜いたところ。生成りの糸は休める。

10

からし色で細編みを8目編み、段数リングの目に針を入れて引き抜いたところ。8段めの完成。

11

編み地の裏側。渡り糸がつれないようにゆったりと渡しておく。

頭をつくる
[9段め／減らし目]

1

9段めに細編みを2目編む。(写真は編めたところ)

2

2つの目を1つに減らすので、次の目に針を入れて糸をかけて引き出す。

3

引き出したところ。

4

同様に次の目に針を入れて、糸をかけて引き出す。

5

引き出したところ。

6

針に糸をかけて引き抜く。

7

引き抜いたところ。2つの目が1つに減った。

8

細編みを2目編み、2目を1目に減らすところ。(5と同じ)

9

色を替えるので生成りの糸をかけて引き抜く。

10

引き抜いたところ。続けて編み図通りに11段めまで編む。

頭の仕上げ

1

11段めまで編んだら、綿を8割程度入れる。

2

12段めを編み、足りない分の綿を入れる。

3

糸端を20cmくらい残して糸を切り、糸を引き抜く。

4

とじ針に残り糸を通し、12段めの残り目に針を通していく。鎖をすくうように外側から内側へ。

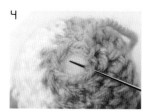

5

次の目は内側から外側へ、次は外側から内側へと交互にすくって最後まで通していく。

6

最後まで糸を通したら、糸を引いて絞る。

7

絞ったところを縫い止める。

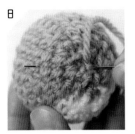

8

縫い止めたところから針を入れて、遠くの目から出す。

9

糸を引っ張りながら根元からハサミで切る。

10

頭の完成。

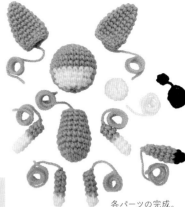

各パーツの完成。

顔をつくる

1

くちは編み地の裏側を表に使用するので、編みはじめの糸をとじ針に通して表側に出す。

2

裏側に響かないように糸をすくい、糸処理をする。

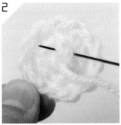

3

目のパーツの足先に接着剤を付けて差し込む。

4

鼻もくちと同様に編みはじめの糸を始末し、鼻の残り糸でくちに巻きかがる。くちと鼻の目をすくい、糸を引く。

5

次の目も同様にすくい、ぐるっと一周巻きかがる。

6

残り糸を反対側に出して糸処理をする。

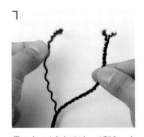

7

黒の糸のよりをほどいて割り、くちを刺繍する。

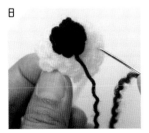

8

とじ針に糸を通し、くちの裏側から鼻の下に糸を出す。そして、くちの表から裏へ針を通す。

9

毛糸を引いたところ。片側のくちが刺繍できた。

10

同様にくちの裏側から鼻の下に糸を出し、くちの表側から裏側へ糸を出す。

11

もう片側も刺繍できた。くちの裏側で糸処理をする。

12

頭にくちの位置を合わせてみる。

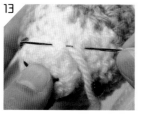

13

くちの残り糸で巻きかがる。頭とくちの目をすくい、糸を引く。

14

同様にすくいながら一周する。

15

頭にくちが付いたところ。

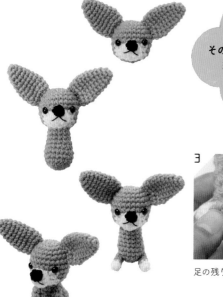

その他のパーツを
組み立てる

1

耳の残り糸でぐるっと一周頭に巻きかがる

2

体の残り糸でぐるっと一周頭に巻きかがる。

3

足の残り糸で体に巻きかがる。

4

足が2本付いたら、2本目の糸で体と向こう側の足に針を渡す。

5

同様に反対側に針を渡し、体に足を固定させる。

\ 完成！ /

POINT!

それぞれの作り方に書いてあるパーツの順番に巻きかがっていくとバランスよく付けやすい。

同じ編み図で大きさを変えるには

編み図が同じでも、毛糸の太さとそれに合わせたサイズのかぎ針で編むことで、大きさの違う作品を作ることができます。目のパーツはできあがる作品の大きさに合わせて選びましょう。

ナマケモノの顔
[鎖編みの作り目]

1

糸を中指と人差し指の間に通し、人差し指にかけてから中指と親指で押さえる。糸の向こう側に針を置き、針を反時計回りで1回転させる。

* 見やすい色の毛糸を使用しています。実際に使用する糸は編み図と作り方のページをご覧ください。

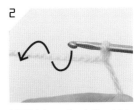

2

1回転したところ。矢印のように糸をかける。

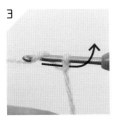

3

矢印のように引き出す。

4

最初の目ができた（これは1目とは数えない）。

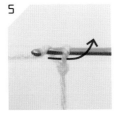

5

糸をかけて引き出す。

6

引き出したところ。鎖編み1目が編めた。

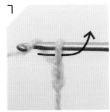

7

もう一度糸をかけて引き出す。

8

引き出したところ。鎖編み2目めが編めた。

9

立ち上がりの目を含めて合計6目編んだところ。

ナマケモノの顔
[1段め／細編み]

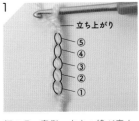

1

編み目の裏側。中央の線が裏山。裏山をすくって細編みを編んでいく。

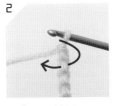

2

1の⑤の目に針を入れる。

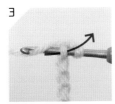

3

糸をかけて引き出す。

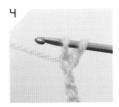

4

引き出したところ。

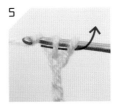

5

もう一度糸をかけて引き抜く。

6

引き抜いたところ。細編みが1目編めた。

7

今編んだ細編みの鎖に段数リングを付ける。

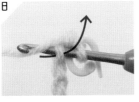

8

次の目（1の④）に針を入れて、糸をかけて引き出す。

9

さらに糸をかけて引き抜く。

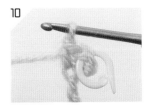

10

引き抜いたところ。細編み2目めが編めた。

45

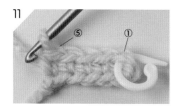

11 編み図通りに細編みを5目編んだところ。

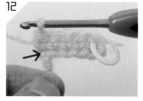

12 5目めを編んだ矢印の目に増やし目の細編み2目を編み入れる。

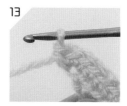

13 増やし目の細編み2目を編み入れたところ。

14 さらに同じ目に細編みをもう1目編み入れたところ。12の矢印の目に合計4目編めた。

15 次の目からは鎖をすくうように矢印の方向に針を入れていく。

16 次の目（15の①）に針を入れて糸をかけて引き出し、細編みを編む。

17 細編みが編めた。

18 同様に15の②③④にも細編みを1目ずつ編み入れたところ。

19 最後に編んだ目と同じ目（15の④）に増やし目の2目を編み入れ、1つの目に細編みが合計3目編めたところ。段数リングから最後の目まで14目あるか確認する。

20 段数リングの目に針を入れて引き抜き編みを編む。

21 引き抜き編みを編んだところ。1段めの完成。

ナマケモノの顔
［2段め以降］

1 立ち上がりの鎖編みを編んだところ。

2 段数リングの目に針を入れて細編みを編んだところ。

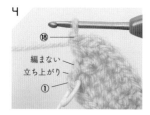

3 今編んだ細編みの鎖に段数リングを付け替える。

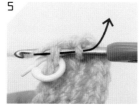

4 編み図通りに細編みを全部で18目編み、数を確認する。

5 段数リングの目に針を入れて引き抜き編みを編む。

6 引き抜き編みが編めた。2段めの完成。

7 編み図通りに4段めまで編んだところ。顔の完成。

カメレオンの
背中のトゲの
作り方

1

玉結びした2本どりの毛糸をとじ針に通し、遠い目の編み目と編み目の隙間から針を入れ、トゲを付けたい位置から針を出す。

＊見やすい色の毛糸を使用しています。実際に使用する糸は編み図と作り方のページをご覧ください。

2

玉結び

糸を引き、玉結びを編み目の隙間から編み地の中へ入れる。

3

玉結びが編み地に入ったところ。

4

少し長めにハサミで切る。

5

必要な数だけトゲを付ける。

6

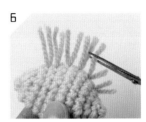

好みの長さに切り揃える。

エリマキトカゲ
の襟巻き
[1段め／中長編み]

1

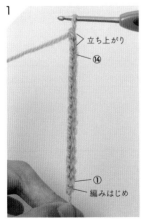

立ち上がり
⑭

①
編みはじめ

作り目の鎖編み14目と立ち上がりの鎖目2目の合計16目編む。（編みはじめの糸端は20cmほど残しておく）

2

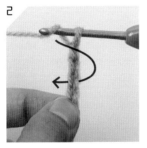

針に糸をかけて1の⑭の目に針を入れる。

3

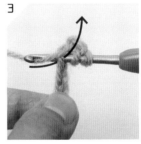

針に糸をかけて引き出す。

4

引き出したところ。

5

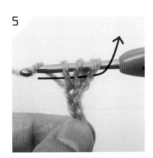

糸をかけて一度に引き抜く。

6

中長編みが編めたところ。

7

次の目

針に糸をかけて、次の目に中長編みを編む。

8

次の目に中長編みを1目編んだと
ころ。

9

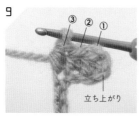

③ ② ①

立ち上がり

さらに次の目にも中長編みを1目
編む。合計3目編めた。

10

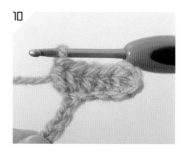

次の目には増やし目の
中長編みを2目編み入
れる。2目編み入れたと
ころ。引き続き編み図
通りに1段めを編む。

エリマキトカゲ
の襟巻き
[2段め~3段め]

1

2段めの立ち上がりの鎖を2目編んだところ。
編み地を矢印の方向に回転させて裏返す。

1段めの
編み上がり

2

裏返したところ。

3

針に糸をかけて、2の矢印に針を入れて
中長編みを編む。

2段めの
編み上がり

4

中長編みが1目編めた。引き続き編み
図通りに2段めを編む。

5

3段めの立ち上がりの鎖を2目編んだと
ころ。編み地を矢印の方向に回転させ
て裏返す。

3段めの
編み上がり

6

裏返したところ。編
み図通りに3段めを
編み、糸処理をする。

48

オカメインコの
冠羽

* 見やすい色の毛糸を使用
しています。実際に使用す
る糸は編み図と作り方のペ
ージをご覧ください。

1
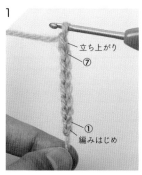

立ち上がり
⑦

①
編みはじめ

立ち上がりの鎖編みも含めて、鎖
編みを8目編む（糸端は20cm残し
ておく）。

2

裏山の7目めに針を入れて
引き出す。

3

引き出したところ。

4
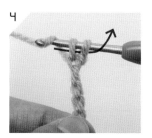

糸をかけて引き抜く。

5

引き抜いたところ。細編みが1目
編めた。

6
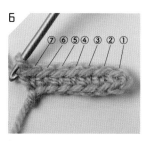

⑦⑥⑤④③②①

編み図通りに細編みを合計7目編
んだところ。

7
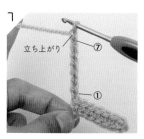

立ち上がり
⑦

①

立ち上がりの鎖編みも含めて鎖
編みを8目編んだところ。

8
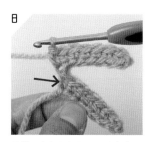

同様に裏山をすくいながら細編み
を7目編んだところ。

9

8の矢印に針を入れて引き抜く。

10

引き抜いたところ。

11
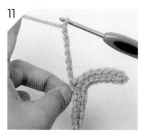

同様に立ち上がりの鎖編みも含め
て鎖編みを8目編む。

12

同様に裏山をすくいながら細編み
を7目編んだところ。

13

12の矢印の目に針を入れて引き抜
く。（8の矢印と同じ位置）

14

引き抜いたところ。

15
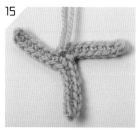

冠羽の完成。

編み目記号と編み方

この本に出てくる基本的な編み目記号と編み方

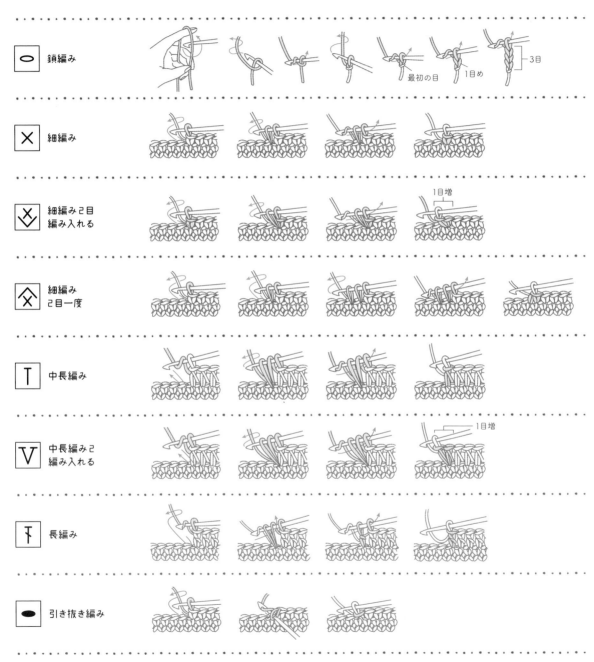

○	鎖編み	3目
✕	細編み	
✖	細編み2目編み入れる	1目増
⋀	細編み2目一度	
⊤	中長編み	
V	中長編み2編み入れる	1目増
⊤	長編み	
●	引き抜き編み	

鎖編みの図:最初の目 / 1目め

＊このページのイラストは一方向に編み進んでいく場合です。往復編みの場合はできあがりの編み目が異なります。

編み図と
作り方

Photo 4-5 ページ

フェネック

糸

ハマナカ ピッコロ からし色（27）…10g
ハマナカ ピッコロ 生成り（2）…4g
ハマナカ ピッコロ 黒（20）…2g

かぎ針

4/0号

付属品他

目：ハマナカ ソリッドアイ 8mm … 2個
綿

作り方

1. 各パーツを編む。
   （頭は11段めまで編んだら8割程度綿を入れる）
2. 頭は12段めまで編んだら足りない分の綿を入れ、
   最終段に残り糸を通して絞ってとめる。
3. 頭に目を付ける。
4. くちに鼻を巻きかがり、黒い毛糸のよりをほどき
   2本どりで刺繍する。
5. くち、体に綿を入れる。
6. 頭にくち、耳、体を巻きかがる。
7. 体に後ろ足、前足、しっぽを巻きかがる。

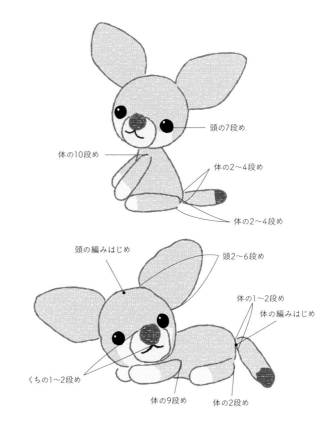

頭の7段め
体の10段め
体の2～4段め
体の2～4段め
頭の編みはじめ
頭2～6段め
体の1～2段め
体の編みはじめ
くちの1～2段め
体の9段め
体の2段め

くち（1枚）

□ 生成り（2）

段数	目数
3	10
2	10（＋5）
1	わの中に細編み 5目編み入れる

※編み地の裏側を表に
使用する。

鼻（1枚）

■ 黒（20）

段数	目数
1	わの中に細編み 6目編み入れる

※編み地の裏側を表に
使用する。

体（1枚）

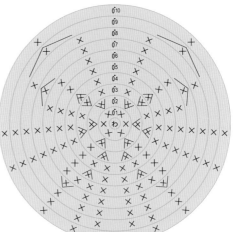

□ からし色（27）

段数	目数
10	12
9	12（－2）
8	14
7	14（－4）
6	18
5	18（＋2）
4	16（－2）
3	18（＋6）
2	12（＋6）
1	わの中に細編み 6目編み入れる

頭（1枚）

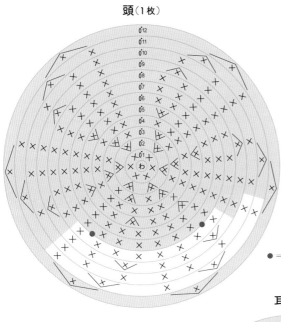

段数	目数
12	6（－6）
11	12（－6）
10	18
9	18（－6）
8	24
7	24
6	24
5	24（＋6）
4	18
3	18（＋6）
2	12（＋6）
1	わの中に細編み6目編み入れる

●＝目の付け位置

前足（2枚）

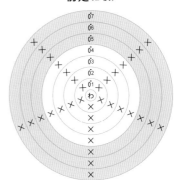

■ からし色（27）
□ 生成り（2）

段数	目数
7 ⋮ 2	5
1	わの中に細編み5目編み入れる

耳（2枚）

■ からし色（27）

段数	目数
10	12
9	12（－4）
8	16（＋2）
7	14（＋2）
6	12
5	12（＋2）
4	10
3	10（＋3）
2	7（＋2）
1	わの中に細編み5目編み入れる

後ろ足（2枚）

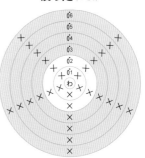

■ からし色（27）
□ 生成り（2）

段数	目数
6 ⋮ 2	5
1	わの中に細編み5目編み入れる

しっぽ（1枚）

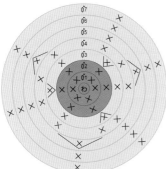

■ からし色（27）
■ 黒（20）

段数	目数
7	6
6	6
5	6（－3）
4	9
3	9（＋3）
2	6
1	わの中に細編み6目編み入れる

Photo
6-7
ページ

カメレオン

糸

A

ハマナカ ピッコロ 黄緑(9) … 9g
ハマナカ ピッコロ 白(1) … 2g
ハマナカ ピッコロ 濃い赤(6) … 少々

B

ハマナカ ピッコロ ミントグリーン(48) … 9g
ハマナカ ピッコロ 白(1) … 2g
ハマナカ ピッコロ 濃い赤(6) … 少々

C

ハマナカ ピッコロ ピーコックグリーン(52) … 9g
ハマナカ ピッコロ 白(1) … 2g
ハマナカ ピッコロ 濃い赤(6) … 少々

D

ハマナカ ピッコロ 黄色(42) … 9g
ハマナカ ピッコロ 白(1) … 2g
ハマナカ ピッコロ 濃い赤(6) … 少々

かぎ針

4/0号

付属品他

目:ハマナカ ソリッドアイ 4mm … 2個
綿、モール(または針金)

作り方

1. 各パーツを編む。
   (頭は11段めまで編んだら8割程度綿を入れる)
2. 頭は13段めまで編んだら足りない分の綿を入れ、
   最終段に残り糸を通して絞ってとめる。
3. 目と体に綿を入れ、目に目玉を付ける。
4. 頭に目、冠突起、体を巻きかがる。
5. 頭にくちを濃い赤の毛糸1本どりで刺繍
   (ストレートステッチ)する。
6. しっぽにモールを入れてしっぽを曲げる。
   (モールは毛を少しカットすると入れやすい。
   針金でも代用可能)
7. 体に足としっぽを巻きかがる。
8. 体にトゲを付け、毛糸のよりをほどく。
   (47ページのトゲの作り方を参照)

* 頭の編みはじめにチェーンを縫い付けて、
キーチェーンにすることができます。(36ページ)

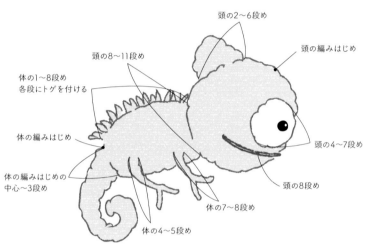

頭の2～6段め

頭の編みはじめ

頭の8～11段め

体の1～8段め
各段にトゲを付ける

頭の4～7段め

体の編みはじめ

頭の8段め

体の編みはじめの
中心～3段め

体の7～8段め

体の4～5段め

冠突起(1枚)

□ A:黄緑(9)
B:ミントグリーン(48)
C:ピーコックグリーン(52)
D:黄色(42)

段数	目数
3	12(+6)
2	6
1	わの中に細編み
6目編み入れる

頭（1枚）

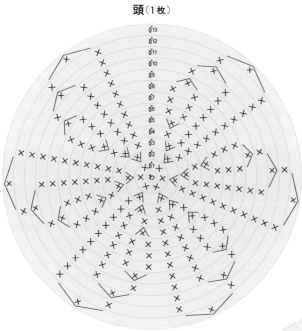

☐ A：黄緑（9）
  B：ミントグリーン（48）
  C：ピーコックグリーン（52）
  D：黄色（42）

段数	目数
13	6（－6）
12	12
11	12（－6）
10	18
9	18（－6）
8	24
7	24
6	24
5	24（＋6）
4	18
3	18（＋6）
2	12（＋6）
1	わの中に細編み6目編み入れる

目（2枚）

☐ 白（1）

段数	目数
2	9（＋3）
1	わの中に細編み6目編み入れる

体（1枚）

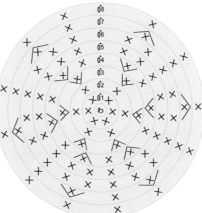

☐ A：黄緑（9）
  B：ミントグリーン（48）
  C：ピーコックグリーン（52）
  D：黄色（42）

段数	目数
8	12
7	12（－6）
6	18
5	18
4	18（＋6）
3	12（＋6）
2	6
1	わの中に細編み6目編み入れる

しっぽ（1枚）

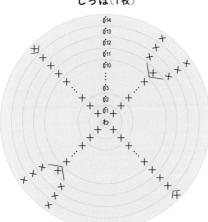

☐ A：黄緑（9）
  B：ミントグリーン（48）
  C：ピーコックグリーン（52）
  D：黄色（42）

段数	目数
14	8（＋2）
13	6
12	6
11	6（＋2）
10 ⋮ 2	4
1	わの中に細編み4目編み入れる

足（4枚）

編み終わり

編みはじめ

☐ A：黄緑（9）
  B：ミントグリーン（48）
  C：ピーコックグリーン（52）
  D：黄色（42）

Photo
8-9
ページ

オオハシ

糸

ハマナカ ピッコロ 黒(20)…12g
ハマナカ ピッコロ 山吹色(25)…4g
ハマナカ ピッコロ 白(1)…4g
ハマナカ ピッコロ 赤(26)…2g
ハマナカ ピッコロ 水色(12)…2g

かぎ針

4/0号

付属品他

目：クリスタルアイ（ブルー）9mm … 2個
綿

作り方

1. 各パーツを編む。
2. 体に綿を入れ、最終段の向かい合う目同士を巻きかがる。
3. 体に目を付ける。
4. 羽を半分に折り、向かい合う目同士を巻きかがる。
5. 上下のくちばしに綿を入れ、上くちばしと下くちばしを
   2目分巻きかがる。
6. 体に上下のくちばし、尾羽、足、羽を巻きかがる。

上くちばし（1枚）

■ 黒（20）
■ 山吹色（25）
■ 赤（26）

段数	目数
12 … 4	8
3	8（＋2）
2	6（＋2）
1	わの中に細編み 4目編み入れる

下くちばし（1枚）

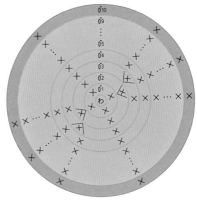

■ 黒（20）
■ 山吹色（26）

段数	目数
10 … 4	8
3	8（＋2）
2	6（＋2）
1	わの中に細編み 4目編み入れる

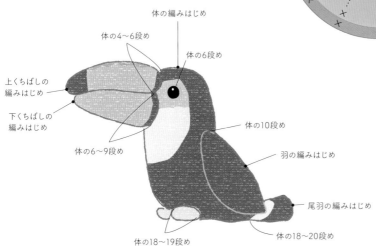

体の編みはじめ
体の4〜6段め
体の6段め
上くちばしの編みはじめ
下くちばしの編みはじめ
体の6〜9段め
体の10段め
羽の編みはじめ
尾羽の編みはじめ
体の18〜19段め
体の18〜20段め

上くちばし
下くちばし
2目巻きかがる

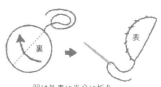

裏
表
羽は外表に半分に折り
向かい合う目をとじ合わせる

体（1枚）

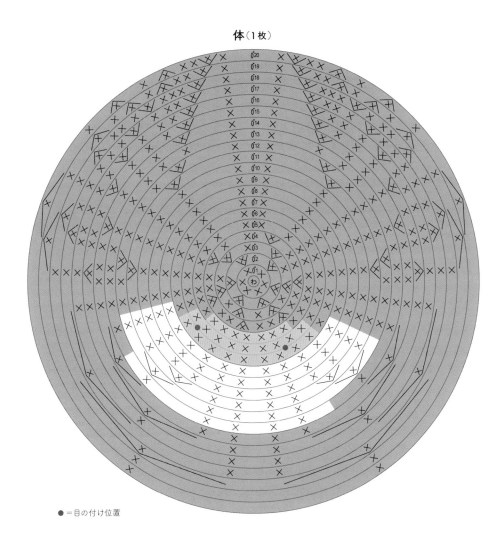

● = 目の付け位置

	黒（20）
	山吹色（25）
	白（1）

段数	目数
20	22（−4）
19	26（−6）
18	32（−2）
17	34
16	34（+4）
15	30
14	30（+2）
13	28
12	28（+2）
11	26（+2）
10 ⋮ 5	24
4	24（+6）
3	18（+6）
2	12（+6）
1	わの中に細編み 6目編み入れる

足（2枚）

□ 水色（12）

段数	目数
3	5
2	5
1	わの中に細編み 5目編み入れる

羽（2枚）

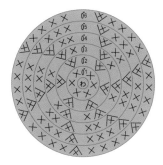

■ 黒（40）

段数	目数
6	36（+6）
5	30（+6）
4	24（+6）
3	18（+6）
2	12（+6）
1	わの中に細編み 6目編み入れる

尾羽（1枚）

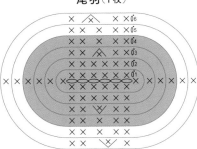

	黒（20）
	白（1）

段数	目数
6	10（−2）
5	12
4	12
3	12（−2）
2	14
1	鎖6目に細編み 14目編み入れる

Photo
18-11
ページ

ハリネズミ

糸

A

ハマナカ ピッコロ 生成り(2)…6g
ハマナカ ピッコロ 濃いベージュ(38)…2g
ハマナカ ピッコロ こげ茶色(17)…3g
ハマナカ ピッコロ ベージュ(16)…2g

B

ハマナカ ピッコロ 生成り(2)…6g
ハマナカ ピッコロ 濃いベージュ(38)…2g
ハマナカ ピッコロ こげ茶色(17)…少々
ハマナカ ピッコロ ベージュ(16)…2g
ハマナカ ピッコロ グレー(33)…3g

かぎ針

4/0号

付属品他

目:ハマナカ ソリッドアイ 6mm … 2個
綿

作り方

1. 各パーツを編む。
   (体は13段めまで編んだら8割程度綿を入れる)

2. 体は14段めまで編んだら足りない分の綿を入れ、
   最終段に残り糸を通して絞ってとめる。

3. 体に目を付け、鼻、耳、足を巻きかがる。

4. 体にこげ茶色2本、ベージュ1本(またはグレー
   2本、ベージュ1本)の3本どりで針を付ける。
   (47ページのトゲの作り方を参照)

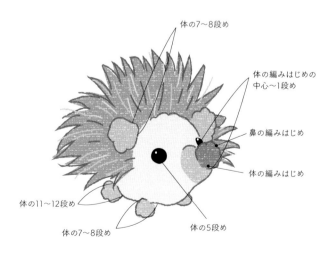

体の7〜8段め

体の編みはじめの
中心〜1段め

鼻の編みはじめ

体の編みはじめ

体の11〜12段め

体の7〜8段め

体の5段め

体（1枚）

○14
○13
○12
○11
○10
○9
○8
○7
○6
○5
○4
○3
○2
○1
わ

▨	濃いベージュ（38）
□	生成り（2）

段数	目数
14	6（−6）
13	12（−6）
12	18
11	18（−6）
10 … 8	24
7	24（＋6）
6	18
5	18（＋6）
4	12（＋3）
3	9（＋3）
2	6
1	わの中に細編み 6目編み入れる

耳（2枚）　▨ 濃いベージュ（38）

段数	目数
2	6
1	わの中に細編み 6目編み入れる

足（4枚）　▨ 濃いベージュ（38）

段数	目数
1	わの中に細編み 5目編み入れる

鼻（1枚）　▨ こげ茶色（17）

段数	目数
1	わの中に細編み 6目編み入れる

※編み地の裏側を表に
　使用する。

Photo
12-13
ページ

ヤドクガエル

糸

A（イチゴヤドクガエル）
ハマナカ ピッコロ 赤(26)…6g
ハマナカ ピッコロ 青(13)…3g
ハマナカ ピッコロ 黒(20)…少々

B（モウドクヤドクガエル）
ハマナカ ピッコロ 明るい黄色(8)…8g
ハマナカ ピッコロ 黒(20)…少々

C（コバルトヤドクガエル）
ハマナカ ピッコロ 水色(12)…6g
ハマナカ ピッコロ 青(13)…3g
ハマナカ ピッコロ 黒(20)…2g

かぎ針

4/0号

付属品他

目：クリスタルアイ（クリアー）9mm … 2個
綿

作り方

1. 各パーツを編む。
2. 頭、体、足に綿を入れ、頭と体の残り目同士を巻きかがる。
3. 目に目玉を付けて綿を入れる。
4. 頭に目を巻きかがり、くちを黒い毛糸1本どりで刺繍（ストレートステッチ）する。
5. 体に足を巻きかがる。
6. C（コバルトヤドクガエル）のみ、模様を黒い毛糸1本どりで刺繍（フレンチノットステッチ）する。

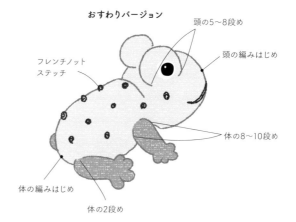

おすわりバージョン

頭の5〜8段め

頭の編みはじめ

フレンチノットステッチ

体の8〜10段め

体の編みはじめ

体の2段め

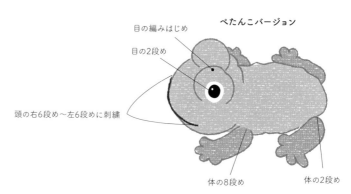

ぺたんこバージョン

目の編みはじめ

目の2段め

頭の右6段め〜左6段めに刺繍

体の8段め

体の2段め

頭（1枚）

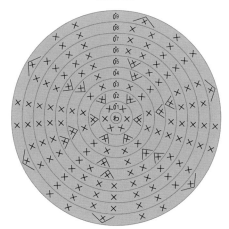

B：明るい黄色（8）
C：水色（12）

段数	目数
9	18（−6）
8	24
7	24
6	24
5	24（＋6）
4	18（＋6）
3	12
2	12（＋6）
1	わの中に細編み 6目編み入れる

目（2枚）

■ A：赤（26）
B：明るい黄色（8）
C：水色（12）

段数	目数
3	9
2	9（＋3）
1	わの中に細編み 6目編み入れる

足（4枚）

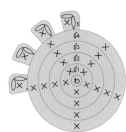

■ A：青（13）
B：明るい黄色（8）
C：青（13）

段数	目数
5	4模様
4	5
3	5
2	5
1	わの中に細編み 6目編み入れる

体（1枚）

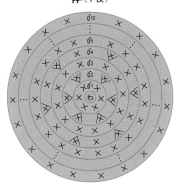

■ A：赤（26）
B：明るい黄色（8）
C：水色（12）

段数	目数
10 ⋮ 5	18
4	18（＋6）
3	12
2	12（＋6）
1	わの中に細編み 6目編み入れる

コツメカワウソ

糸
......
ハマナカ ピッコロ こげ茶色(17)…9g
ハマナカ ピッコロ 生成り(2)…4g

かぎ針
....
4/0号

付属品他
....
目：ハマナカ ソリッドアイ 6mm … 2個
鼻：あみぐるみノーズ（茶色）12mm… 1個
綿

作り方
....
1. 各パーツを編む。
   （頭は11段めまで編んだら8割程度綿を入れる）
2. 頭は13段めまで編んだら足りない分の綿を入れ、
   最終段に残り糸を通して絞ってとめる。
3. 頭に目を付ける。
4. くちに鼻を付ける。
5. くち、体に綿を入れる。
6. 頭にくち、耳、体を巻きかがる。
7. 体に後ろ足、前足、しっぽを巻きかがる。

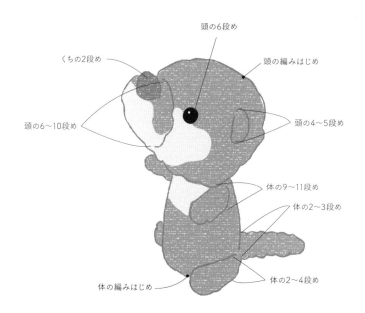

頭の6段め

くちの2段め

頭の編みはじめ

頭の6〜10段め

頭の4〜5段め

体の9〜11段め

体の2〜3段め

体の2〜4段め

体の編みはじめ

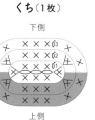

くち（1枚）

下側

上側

■ こげ茶色（17）
□ 生成り（2）

段数	目数
3	14
2	14（＋4）
1	鎖3目に細編み 10目編み入れる

※編み地の裏側を表に
　使用する。

頭(1枚)

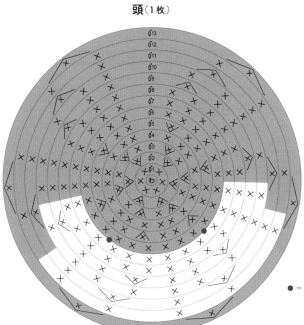

段数	目数
13	6(−6)
12	12
11	12(−6)
10	18
9	18(−6)
8	24
7	24
6	24
5	24(+6)
4	18
3	18(+6)
2	12(+6)
1	わの中に細編み 6目編み入れる

■ こげ茶色 (17)
□ 生成り (2)

● ＝目の付け位置

前足（2枚）後ろ足（2枚）

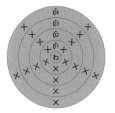

■ こげ茶色 (17)

段数	目数
4 : 2	5
1	わの中に細編み 5目編み入れる

しっぽ(1枚)

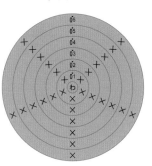

■ こげ茶色 (17)

段数	目数
6 : 2	5
1	わの中に細編み 5目編み入れる

体(1枚)

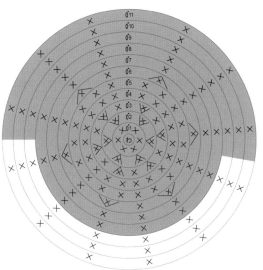

■ こげ茶色 (17)
□ 生成り (2)

段数	目数
11 : 7	12
6	12(−6)
5	18
4	18
3	18(+6)
2	12(+6)
1	わの中に細編み 6目編み入れる

耳(2枚)

■ こげ茶色 (17)

段数	目数
1	わの中に細編み 6目編み入れる

Photo
16-17
ページ

フクロモモンガ

糸

A

ハマナカ ピッコロ グレー (33)…8g
ハマナカ ピッコロ 黒 (20)…5g
ハマナカ ピッコロ ペールオレンジ (3)…1g
ハマナカ ピッコロ 薄いピンク (40)…少々

B

ハマナカ ピッコロ ベージュ (16)…8g
ハマナカ ピッコロ こげ茶色 (17)…5g
ハマナカ ピッコロ ペールオレンジ (3)…1g
ハマナカ ピッコロ 薄いピンク (40)…少々

かぎ針

4/0号

付属品他

目：ハマナカ ソリッドアイ 8mm … 2個
綿

作り方

1. 各パーツを編む。
   （頭は11段めまで編んだら8割程度綿を入れる）
2. 頭は12段めまで編んだら足りない分の綿を入れ、
   最終段に残り糸を通して絞ってとめる
3. 頭に目を付け、くちを薄いピンクの毛糸1本どりで
   刺繍（ストレートステッチ）して、耳を巻きかがる。
4. 体に綿を入れて頭に巻きかがる。
5. 体に前足、後ろ足、しっぽを巻きかがる。

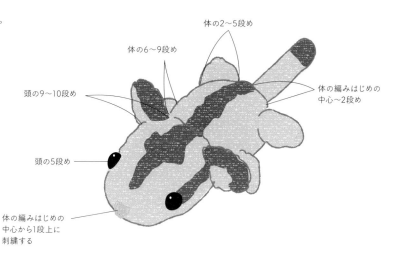

体の2〜5段め

体の6〜9段め

頭の9〜10段め

体の編みはじめの
中心〜2段め

頭の5段め

体の編みはじめの
中心から1段上に
刺繍する

頭（1枚）

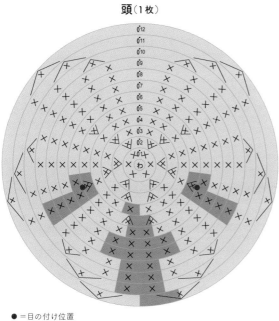

□ A：グレー（33）
　B：ベージュ（16）
■ A：黒（20）
　B：こげ茶色（17）

段数	目数
12	6（− 6）
11	12（− 6）
10	18（− 6）
9 … 6	24
5	24（＋ 6）
4	18
3	18（＋ 6）
2	12（＋ 6）
1	わの中に細編み 6目編み入れる

●＝目の付け位置

耳（2枚）

■ A：黒（20）
　B：こげ茶色（17）
□ A：グレー（33）
　B：ベージュ（16）

段数	目数
4	10
3	10（＋ 3）
2	7（＋ 2）
1	わの中に細編み 5目編み入れる

体（1枚）

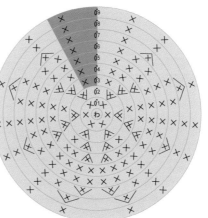

□ A：グレー（33）
　B：ベージュ（16）
■ A：黒（20）
　B：こげ茶色（17）

段数	目数
9	14
8	14（− 4）
7	18（− 6）
6	24
5	24
4	24（＋ 6）
3	18（＋ 6）
2	12（＋ 6）
1	わの中に細編み 6目編み入れる

しっぽ（1枚）

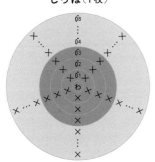

□ A：グレー（33）
　B：ベージュ（16）
■ A：黒（20）
　B：こげ茶色（17）

段数	目数
8 … 2	5
1	わの中に細編み 5目編み入れる

前足（2枚）後ろ足（2枚）

□ A：グレー（33）
　B：ベージュ（16）
□ ペールオレンジ（3）

段数	目数
4	10（＋ 2）
3	8（＋ 2）
2	6（＋ 2）
1	わの中に細編み 4目編み入れる

Photo 18-19 ページ

グリーンイグアナ

糸
......

ハマナカ ピッコロ 黄緑(9)…10g
ハマナカ ピッコロ 濃い緑(10)…4g
ハマナカ ピッコロ グレー(33)…少々

かぎ針
....

4/0 号

付属品他
....

目：クリスタルアイ(クリアー)9mm … 2個
綿

作り方
....

1. 各パーツを編む。(体は編む途中で何度かに分けて綿を入れておく)
2. 頭、体、足(上部、下部)に綿を入れ、体は最終段に残り糸を
   通して絞ってとめる。
3. 頭に目を付け、鼓膜下大型鱗を巻きかがり、くちをグレーの毛糸
   1本どりで刺繍(ストレートステッチ)する。
4. 前足と後ろ足の下部に上部を巻きかがる。
5. 体に頭、前足、後ろ足を巻きかがる。
6. 頭から体にかけて黄緑の毛糸2本どりでトゲを付け、
   毛糸のよりをほどく。(47ページのトゲの作り方を参照)

前足の上部(2枚)

☐ 黄緑(9)

段数	目数
4	6
3	6
2	6
1	わの中に細編み 6目編み入れる

前足の下部(2枚)

☐ 黄緑(9)

段数	目数
6	4模様
5 ┆ 2	5
1	わの中に細編み 5目編み入れる

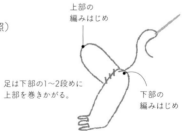

上部の
編みはじめ

足は下部の1～2段めに
上部を巻きかがる。

下部の
編みはじめ

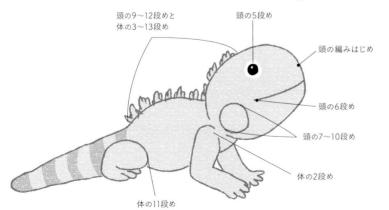

頭の9～12段めと
体の3～13段め

頭の5段め

頭の編みはじめ

頭の6段め

頭の7～10段め

体の2段め

体の11段め

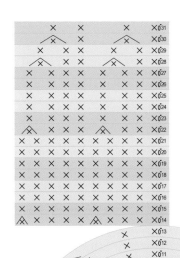

体～しっぽ(1枚)

☐ 黄緑(9)
☐ 濃い緑(10)

段数	目数
31	4
30	4(−2)
29	6
28	6(−2)
27⋮23	8
22	8(−2)
21⋮15	10
14	10(−2)
13	12(−4)
12	16(−2)
11	18(−6)
10	24
9	24
8	24(+6)
7	18
6	18
5	18(+4)
4	14
3	14(+4)
2	10(+5)
1	わの中に細編み 5目編み入れる

後ろ足の上部(2枚)

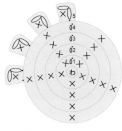

☐ 黄緑(9)

段数	目数
3	6
2	6
1	わの中に細編み 6目編み入れる

後ろ足の下部(2枚)

☐ 黄緑(9)

段数	目数
5	4模様
4	5
3	5
2	5
1	わの中に細編み 5目編み入れる

頭(1枚)

☐ 黄緑(9)

段数	目数
13	12
12	12(−12)
11⋮6	24
5	24(+6)
4	18(+6)
3	12
2	12(+6)
1	わの中に細編み 6目編み入れる

鼓膜下大型鱗(2枚)

☐ 黄緑(9)

段数	目数
2	6
1	わの中に細編み 6目編み入れる

※編み目の裏側を表に
使用する。

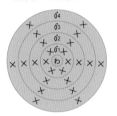

エリマキトカゲ

糸

A
ハマナカ ピッコロ 草色(32)…15g
ハマナカ ピッコロ グレー(33)…少々

B
ハマナカ ピッコロ 茶色(21)…15g
ハマナカ ピッコロ グレー(33)…少々

かぎ針

4/0号

付属品他

目:クリスタルアイ(クリアー)9mm … 2個
綿

作り方

1. 各パーツを編む。(体は編む途中で何度かに分けて綿を入れておく)
2. 頭、体、足に綿を入れ、体は最終段に残り糸を通して絞ってとめる。
3. 頭に目を付け、襟巻きを巻きかがり、くちをグレーの毛糸1本どりで刺繍(ストレートステッチ)する。
3. 前足と後ろ足の下部に上部を巻きかがる。
5. 体に頭、前足、後ろ足を巻きかがる。

前足の上部(2枚)

■ A:草色(32)
■ B:茶色(21)

段数	目数
4	6
3	6
2	6
1	わの中に細編み6目編み入れる

前足の下部(2枚)

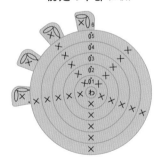

■ A:草色(32)
■ B:茶色(21)

段数	目数
6	4模様
5〜2	5
1	わの中に細編み5目編み入れる

上部の編みはじめ

足は下部の1〜2段めに上部を巻きかがる。

下部の編みはじめ

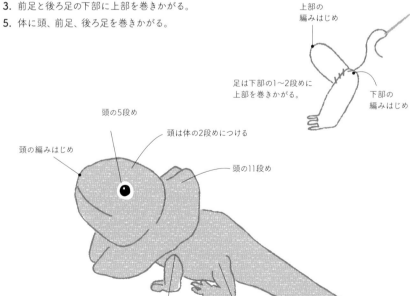

頭の5段め

頭は体の2段めにつける

頭の編みはじめ

頭の11段め

体の2段め

体の11段め

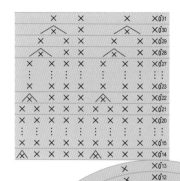

体〜しっぽ(1枚)

■ A：草色（32）
　B：茶色（21）

段数	目数
31	4
30	4（−2）
29	6
28	6（−2）
27 ⋮ 23	8
22	8（−2）
21 ⋮ 15	10
14	10（−2）
13	12（−4）
12	16（−2）
11	18（−6）
10	24
9	24
8	24（+6）
7	18
6	18
5	18（+4）
4	14
3	14（+4）
2	10（+5）
1	わの中に細編み 5目編み入れる

後ろ足の上部（2枚）

■ A：草色（32）
　B：茶色（21）

段数	目数
3	6
2	6
1	わの中に細編み 6目編み入れる

後ろ足の下部（2枚）

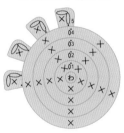

■ A：草色（32）
　B：茶色（21）

段数	目数
5	4模様
4	5
3	5
2	5
1	わの中に細編み 5目編み入れる

頭（1枚）

■ A：草色（32）
　B：茶色（21）

段数	目数
13	12
12	12（−12）
11 ⋮ 6	24
5	24（+6）
4	18（+6）
3	12
2	12（+6）
1	わの中に細編み 6目編み入れる

襟巻き（2枚）

編み終わり

編みはじめ
鎖14目から

■ A：草色（32）
　B：茶色（21）

段数	目数
3	29（+5）
2	24（+5）
1	鎖14目に中長編み 19目編み入れる

Photo
22-23
ページ

メンフクロウ

糸

ハマナカ ピッコロ 濃いベージュ(38)…7g
ハマナカ ピッコロ 白(1)…4g
ハマナカ ピッコロ ペールオレンジ(3)…2g
ハマナカ ピッコロ 薄いピンク(40)…少々

かぎ針

4/0号

付属品他

目：ハマナカ ソリッドアイ 8mm … 2個
綿

作り方

1. 各パーツを編む。
   （頭は11段めまで編んだら8割程度綿を入れる）

2. 頭は13段めまで編んだら足りない分の綿を入れ、
   最終段に残り糸を通して絞ってとめる。

3. 頭に顔を巻きかがり、目を付ける。

4. 顔に鼻を巻きかがり、くちばしを薄いピンクの毛糸
   1本どりで刺繍（ストレートステッチ）する。

5. 体に綿を入れ、頭に体を巻きかがる。

6. 羽の残り目の向い合う目同士を巻きかがる。

7. 体に足、羽を巻きかがる。

* 頭に麻紐や革紐、チェーンなどをつけると、
  ネックレスになります。（36ページ）

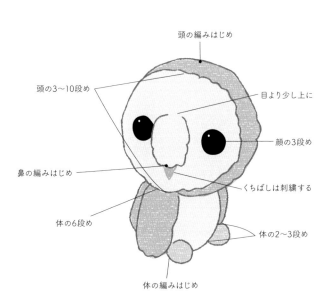

頭の編みはじめ

頭の3～10段め

目より少し上に

顔の3段め

鼻の編みはじめ

くちばしは刺繍する

体の6段め

体の2～3段め

体の編みはじめ

頭（1枚）

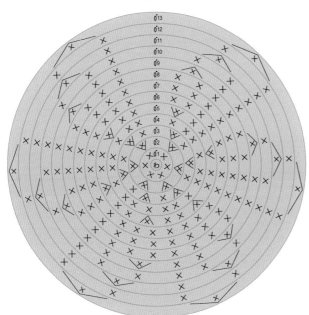

■ 濃いベージュ（38）

段数	目数
13	6（−6）
12	12
11	12（−6）
10	18
9	18（−6）
8	24
7	24
6	24
5	24（＋6）
4	18
3	18（＋6）
2	12（＋6）
1	わの中に細編み 6目編み入れる

鼻（1枚）

□ 白（1）

段数	目数
3	6
2	6（＋2）
1	わの中に細編み 4目編み入れる

顔（1枚）

下側

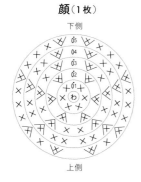

上側

□ 白（1）

段数	目数
5	28（＋4）
4	24（＋6）
3	18（＋6）
2	12（＋6）
1	わの中に細編み 6目編み入れる

※編み地の裏側を表に使用する。

体（1枚）

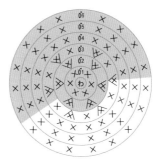

■ 濃いベージュ（38）
□ 白（1）

段数	目数
6	18
5	18
4	18
3	18（＋6）
2	12（＋6）
1	わの中に細編み 6目編み入れる

羽（2枚）

■ 濃いベージュ（38）

段数	目数
3	12
2	12（＋4）
1	鎖2目に細編み 8目編み入れる

足（2枚）

■ ペールオレンジ（3）

段数	目数
2	4
1	わの中に細編み 4目編み入れる

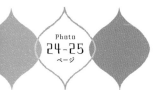

オカメインコ

糸

A

ハマナカ ピッコロ 白(1) … 9g
ハマナカ ピッコロ 黄色(42)…5g
ハマナカ ピッコロ 薄いピンク(40)…2g
ハマナカ ピッコロ オレンジ(7)…1g

B

ハマナカ ピッコロ グレー(33)…9g
ハマナカ ピッコロ 黄色(42)…5g
ハマナカ ピッコロ 薄いピンク(40)…2g
ハマナカ ピッコロ オレンジ(7)…1g

かぎ針

4/0号

付属品他

目：ハマナカ ソリッドアイ 6mm … 2個
綿

作り方

1. 各パーツを編む。
2. 体に綿を入れ、最終段の向かい合う目同士を巻きかがる。
3. 体に目を付ける。
4. 羽を半分に折り、向かい合う目同士を巻きかがる。
5. 体にくちばし、ほっぺの模様、冠羽、尾羽、足、羽を巻きかがる。

尾羽(1枚)

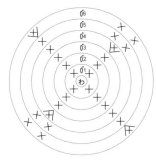

□ A：白(1)
B：グレー(33)

段数	目数
6	8(＋2)
5	6
4	6(＋2)
3	4
2	4
1	わの中に細編み4目編み入れる

羽(2枚)

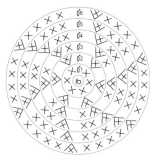

□ A：白(1)
B：グレー(33)

段数	目数
6	36(＋6)
5	30(＋6)
4	24(＋6)
3	18(＋6)
2	12(＋6)
1	わの中に細編み6目編み入れる

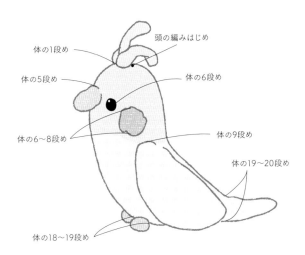

頭の編みはじめ
体の1段め
体の5段め
体の6段め
体の6～8段め
体の9段め
体の19～20段め
体の18～19段め

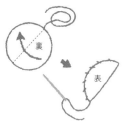

羽は外表に半分に折り
向かい合う目をとじ合わせる

体（1枚）

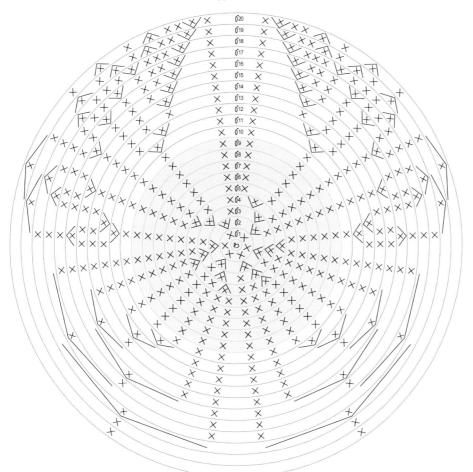

□ 黄色（42）
□ A：白（1）
　B：グレー（33）

段数	目数
20	22（−4）
19	26（−6）
18	32（−2）
17	34
16	34（+4）
15	30
14	30（+2）
13	28
12	28（+2）
11	26（+2）
10	24
9	24
8	24
7	24
6	24
5	24
4	24（+6）
3	18（+6）
2	12（+6）
1	わの中に細編み6目編み入れる

くちばし（1枚）

□ 薄いピンク（40）

段数	目数
3	8（+2）
2	6（+2）
1	わの中に細編み4目編み入れる

足（2枚）

□ 薄いピンク（40）

段数	目数
2	4
1	わの中に細編み4目編み入れる

冠羽（1枚）

編み終わりの引き抜き編み
編みはじめの鎖

□ 黄色（42）

ほっぺの模様（2枚）

□ オレンジ（7）

段数	目数
1	わの中に細編み8目編み入れる

※編み目の裏側を表に使用する。

カメ

Photo 26-27 ページ

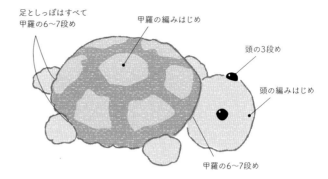

足としっぽはすべて甲羅の6〜7段め

甲羅の編みはじめ

頭の3段め

頭の編みはじめ

甲羅の6〜7段め

糸

A
ハマナカ ピッコロ ペールオレンジ（3）…4g
ハマナカ ピッコロ 濃い紫（31）…4g
ハマナカ ピッコロ 紫（14）…4g

B
ハマナカ ピッコロ ペールオレンジ（3）…4g
ハマナカ ピッコロ 濃いピンク（22）…4g
ハマナカ ピッコロ ピンク（4）…4g

C
ハマナカ ピッコロ ペールオレンジ（3）…4g
ハマナカ ピッコロ 青（13）…4g
ハマナカ ピッコロ 水色（12）…4g

D
ハマナカ ピッコロ ペールオレンジ（3）…4g
ハマナカ ピッコロ 濃い緑（10）…4g
ハマナカ ピッコロ 黄緑（9）…4g

E
ハマナカ ピッコロ ペールオレンジ（3）…4g
ハマナカ ピッコロ こげ茶色（17）…4g
ハマナカ ピッコロ 茶色（21）…4g

かぎ針

4/0号

付属品他

目：ハマナカ ソリッドアイ 4mm … 2個
マグネット（直径40mm）…1個
綿

作り方

1. 各パーツを編む。
2. 頭に綿を入れて、目を付ける。
3. 甲羅をマグネットにかぶせ、最終段に糸を通し、引きしめてとめる。
4. 甲羅に頭、足、しっぽを巻きかがる。

* 甲羅にマグネットを入れることで、そのまま実際のマグネットとしても使えます。（36ページ）

甲羅（1枚）

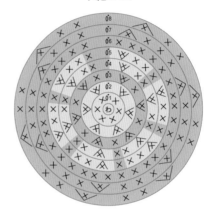

□ A：紫（14）
　B：ピンク（4）
　C：水色（12）
　D：黄緑（9）
　E：茶色（21）
■ A：濃い紫（31）
　B：濃いピンク（22）
　C：青（13）
　D：濃い緑（10）
　E：こげ茶色（17）

段数	目数
8	18（−6）
7	24（−6）
6	30
5	30（＋6）
4	24（＋6）
3	18（＋6）
2	12（＋6）
1	わの中に細編み6目編み入れる

頭（1枚）

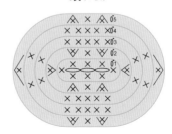

□ ペールオレンジ（3）

段数	目数
5	8（−6）
4	14
3	14
2	14（＋6）
1	鎖3目に細編み8目編み入れる

足（4枚）

□ ペールオレンジ（3）

段数	目数
2	5
1	わの中に細編み5目編み入れる

しっぽ（1枚）

□ ペールオレンジ（3）

段数	目数
2	5
1	わの中に細編み5目編み入れる

74

Photo
28-29
ページ

ナマケモノ

糸

A
ハマナカ ピッコロ 濃いベージュ (38)…10g
ハマナカ ピッコロ 白 (1)…3g
ハマナカ ピッコロ こげ茶色 (17)…2g
ハマナカ ピッコロ 黒 (20)…1g

B
ハマナカ ピッコロ グレー (33)…10g
ハマナカ ピッコロ 白 (1)…3g
ハマナカ ピッコロ こげ茶色 (17)…2g
ハマナカ ピッコロ 黒 (20)…1g

かぎ針
4/0号

付属品他
目：ハマナカ ソリッドアイ 6mm … 2個
綿

作り方

1. 各パーツを編む。
   （頭は14段めまで編んだら8割程度綿を入れる）
2. 頭は15段めまで編んだら足りない分の綿を入れ、
   最終段に残り糸を通して絞ってとめる。
3. 「目のまわり」に目を付ける。
4. 頭に顔を巻きかがる。
5. 顔に鼻、目のまわりを巻きかがる。
6. 黒い毛糸のよりをほどき2本どりでくちを刺繍する。
7. 体に綿を入れる。
8. 頭に体を巻きかがる。
9. 体に後ろ足、前足、しっぽを巻きかがる。

鼻は下部が
編みはじめの鎖編み

目の周りは
少し斜めに傾ける

編みはじめの
鎖編みより
2段下に刺繍

頭の編みはじめ

頭の4〜11段め

鼻の中心の高さに
少し下に斜めに

体の7〜8段め

体の2〜4段め

体の6〜8段め

体の編みはじめ

しっぽ(1枚)

■ 濃いベージュ (38)
　グレー (33)

段数	目数
2	6
1	わの中に細編み6目編み入れる

※編み地の裏側を表に
使用する。

顔(1枚)

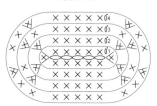

□ 白 (1)

段数	目数
4	26(+4)
3	22(+4)
2	18(+4)
1	鎖5目に細編み14目編み入れる

※編み地の裏側を表に
使用する。

頭（1枚）

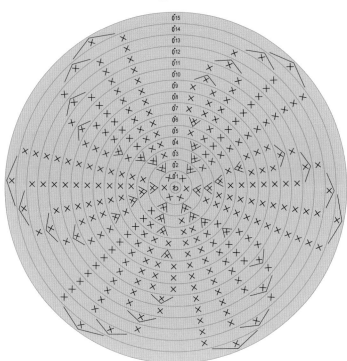

□ 濃いベージュ（38）
　グレー（33）

段数	目数
15	6（−6）
14	12（−6）
13	18
12	18（−6）
11	24
10	24（−6）
9	30
8	30
7	30
6	30（＋6）
5	24
4	24（＋6）
3	18（＋6）
2	12（＋6）
1	わの中に細編み6目編み入れる

目のまわり（2枚）

□ こげ茶色（17）

段数	目数
1	鎖2目に細編み8目編み入れる

鼻（1枚）

□ 黒（20）

段数	目数
1	わの中に細編み8目編み入れる

※編み地の裏側を表に使用する。

前足（2枚）

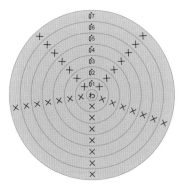

□ 濃いベージュ（38）
　グレー（33）

段数	目数
7⋮2	5
1	わの中に細編み5目編み入れる

後ろ足（2枚）

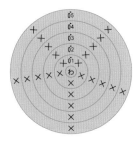

□ 濃いベージュ（38）
　グレー（33）

段数	目数
5⋮2	5
1	わの中に細編み5目編み入れる

体（1枚）

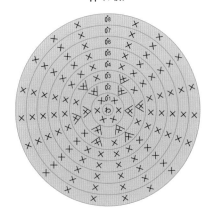

□ 濃いベージュ（38）
　グレー（33）

段数	目数
8⋮4	18
3	18（＋6）
2	12（＋6）
1	わの中に細編み6目編み入れる

セキセイインコ

糸
....

A

ハマナカ ピッコロ 明るい黄色(8)…8g
ハマナカ ピッコロ 黄緑(9)…8g
ハマナカ ピッコロ 濃い水色(23)…2g
ハマナカ ピッコロ 黄色(42)…1g
ハマナカ ティノ 黒(15)…2g

B

ハマナカ ピッコロ 白(1)…5g
ハマナカ ピッコロ 水色(12)…12g
ハマナカ ピッコロ 薄いピンク(40)…2g
ハマナカ ピッコロ 黄色(42)…1g
ハマナカ ティノ 黒(15)…2g

かぎ針
....
4/0号

付属品他
....
目：ハマナカ ソリッドアイ 6mm … 2個
綿

作り方
1. 各パーツを編む(羽はピッコロとティノを1本ずつ2本どりで編む)。
2. 体に綿を入れ、最終段の向かい合う目同士を巻きかがる。
3. 体に目を付ける。
4. 羽を半分に折り、向かい合う目同士を巻きかがる。
5. 体にくちばし、尾羽、足、羽を巻きかがる。
6. くちばしの上から蝋膜を巻きかがる。

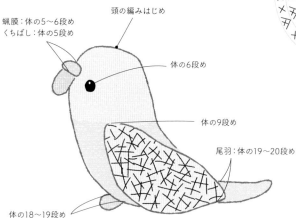

蝋膜:体の5〜6段め
くちばし:体の5段め
頭の編みはじめ
体の6段め
体の9段め
尾羽:体の19〜20段め
体の18〜19段め

尾羽(1枚)

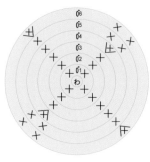

□ A：黄緑(9)
　 B：水色(12)

段数	目数
6	8(+2)
5	6
4	6(+2)
3	4
2	4
1	わの中に細編み4目編み入れる

羽(2枚)

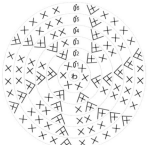

□ A：明るい黄色(8)+黒(15)
　 B：水色(12)+黒(15)

段数	目数
6	36(+6)
5	30(+6)
4	24(+6)
3	18(+6)
2	12(+6)
1	わの中に細編み6目編み入れる

裏
表

羽は外表に半分に折り
向かい合う目をとじ合わせる

80

体（1枚）

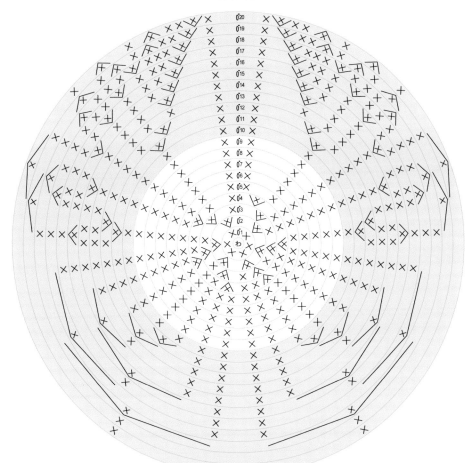

段数	目数
20	22（－4）
19	26（－6）
18	32（－2）
17	34
16	34（＋4）
15	30
14	30（＋2）
13	28
12	28（＋2）
11	26（＋2）
10	24
9	24
8	24
7	24
6	24
5	24
4	24（＋6）
3	18（＋6）
2	12（＋6）
1	わの中に細編み6目編み入れる

くちばし（1枚）

□ A：黄色（42）

段数	目数
3	6（＋2）
2	4
1	わの中に細編み4目編み入れる

足（2枚）

□ A：濃い水色（23）
　　B：薄いピンク（40）

段数	目数
2	4
1	わの中に細編み4目編み入れる

蝋膜（1枚）

編みはじめ

□ A：濃い水色（23）
　　B：薄いピンク（40）

段数	目数
1	鎖4目に細編み4目編み入れる

Photo
32-33
ページ

ワ ニ

糸

A

ハマナカ ピッコロ 黄緑(9)…13g
ハマナカ ピッコロ 緑(24)…4g
ハマナカ ピッコロ 白(1)…3g
ハマナカ ピッコロ 深緑(35)…少々

B

ハマナカ ピッコロ 茶色(21)…13g
ハマナカ ピッコロ こげ茶色(17)…4g
ハマナカ ピッコロ 白(1)…3g

かぎ針

4/0号

付属品他

目：クリスタルアイ(クリアー)9mm … 2個
修正液、綿

作り方

1. 各パーツを編む。
   (体は編んでいる途中で何回かに分けて綿を入れておく)
2. 体に綿を入れ、体は最終段に残り糸を通して絞ってとめる。
3. クリスタルアイの裏側を修正液で塗る。
4. 目に目玉を付けて綿を入れる。
5. 皮骨を2枚合わせて向かい合う目同士で巻きかがる。
6. 体に目、前足、後ろ足、皮骨を巻きかがる。
7. くちの3、5、7段めにAは深緑、Bはこげ茶の毛糸1本どりで
   刺繍(ストレートステッチ)する。

足(4枚)

□ A：黄緑(9)
□ B：茶色(21)

段数	目数
4	模様編み
3	7
2	7
1	わの中に細編み 7目編み入れる

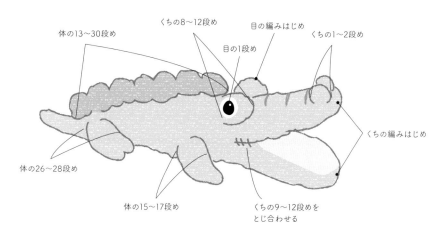

体の13〜30段め
くちの8〜12段め
目の編みはじめ
目の1段め
くちの1〜2段め
くちの編みはじめ
体の26〜28段め
体の15〜17段め
くちの9〜12段めを
とじ合わせる

体（1枚）

※とじ合わせたくちの12段めの残り目18目を1目ずつすくって編んでいく。

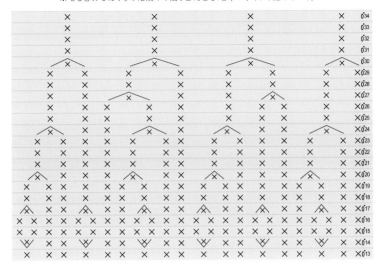

□ A：黄緑（9）
B：茶色（21）
□ 白（1）

段数	目数
34⋮31	4
30	4（−4）
29	8
28	8
27	8（−2）
26	10
25	10
24	10（−4）
23	14
22	14
21	14
20	14（−4）
19	18
18	18
17	18（−6）
16	24
15	24
14	24（+6）
13	18
12⋮7	18
6	18（+4）
5	14
4	14
3	14
2	14（+2）
1	鎖5目に細編み12目編み入れる

（体：34〜13段、くち：12〜1段）

くち（2枚）

※引き抜き編みまでは黄緑（または茶色）で編み、立ち上がりから白で編む。

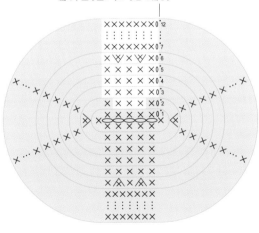

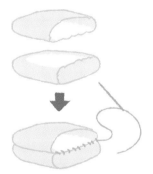

くちの12段めの9目分（白7目と両脇の1目ずつ）を向かい合う目同士でとじ合わせる。

鼻（2枚）

□ A：黄緑（9）
B：茶色（21）

段数	目数
1	わの中に細編み4目編み入れる

※編み地の裏側を表に使用する。

目（2枚）

□ A：黄緑（9）
B：茶色（21）

段数	目数
2	9（+3）
1	わの中に細編み6目編み入れる

皮骨（2枚）

2枚合わせてとじ合わせる。

体の編みはじめ　　　頭側

□ A：緑（24）
B：こげ茶色（17）

段数	目数
1	鎖21目に模様編み

フェレット

糸

A

ハマナカ ピッコロ こげ茶色(17)…8g
ハマナカ ピッコロ 濃いベージュ(38)…6g
ハマナカ ピッコロ 白(1)…2g
ハマナカ ピッコロ ピンク(4)…2g

B

ハマナカ ピッコロ 茶色(21)…8g
ハマナカ ピッコロ ベージュ(16)…6g
ハマナカ ピッコロ 白(1)…2g
ハマナカ ピッコロ ピンク(4)…2g

C

ハマナカ ピッコロ 濃いグレー(50)…8g
ハマナカ ピッコロ グレー(33)…6g
ハマナカ ピッコロ 白(1)…2g
ハマナカ ピッコロ ピンク(4)…2g

かぎ針

4/0号

付属品他

目：ハマナカ ソリッドアイ 6mm… 2個
綿

作り方

1. 各パーツを編む。
   （頭は11段めまで編んだら8割程度綿を入れる）

2. 頭は13段めまで編んだら足りない分の綿を入れ、
   最終段に残り糸を通して絞ってとめる。

3. 「目のまわり」に目を付ける。

4. くちに鼻をピンクの毛糸1本どりで刺繍(ストレートステッチ)する。

5. くち、体に綿を入れる。

6. 頭にくち、目のまわり、耳、体を巻きかがる。

7. 体に後ろ足、前足、しっぽを巻きかがる。

頭の2～4段め
頭の2段の上下が
隠れる位置
頭の7～8段め
頭の編みはじめ
頭の編み終わり
体の9～11段め
体の2～3段め
くちの編みはじめの中心～
2段めに刺繍する
体の2～4段め
体の編みはじめ

耳(2枚)

■ A：濃いベージュ(38)
　B：ベージュ(16)
　C：グレー(33)
■ ピンク(4)

段数	目数
2	10(＋5)
1	わの中に細編み 5目編み入れる

くち(1枚)

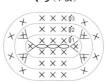

□ 白(1)

段数	目数
3	14
2	14(＋4)
1	鎖3目に細編み 10目編み入れる

※編み目の裏側を表に
　使用する。

目の周り(1枚)

● ＝目の付け位置

■ A：こげ茶色(17)
　B：茶色(21)
　C：濃いグレー(50)

段数	目数
1	鎖11目に細編み 24目編み入れる

※編み目の裏側を表に
　使用する。

頭（1枚）

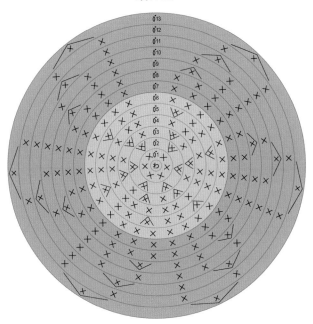

■	A：濃いベージュ（38）	
	B：ベージュ（16）	
	C：グレー（33）	
■	A：こげ茶色（17）	
	B：茶色（21）	
	C：濃いグレー（50）	

段数	目数
13	6（−6）
12	12
11	12（−6）
10	18
9	18（−6）
8	24
7	24
6	24
5	24（＋6）
4	18
3	18（＋6）
2	12（＋6）
1	わの中に細編み6目編み入れる

前足（2枚）後ろ足（2枚）

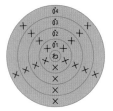

■	A：こげ茶色（17）
	B：茶色（21）
	C：濃いグレー（50）

段数	目数
4 … 2	5
1	わの中に細編み5目編み入れる

しっぽ（1枚）

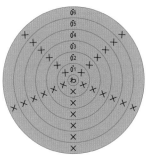

■	A：こげ茶色（17）
	B：茶色（21）
	C：濃いグレー（50）

段数	目数
6 … 2	5
1	わの中に細編み5目編み入れる

体（1枚）

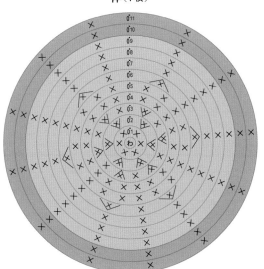

■	A：濃いベージュ（38）	
	B：ベージュ（16）	
	C：グレー（33）	
■	A：こげ茶色（17）	
	B：茶色（21）	
	C：濃いグレー（50）	

段数	目数
11 … 7	12
6	12（−6）
5	18
4	18
3	18（＋6）
2	12（＋6）
1	わの中に細編み6目編み入れる

「エキゾチックアニマル」という言葉をご存知でしょうか？ まだまだ耳にすることが少ない言葉
かと思いますが、わんちゃんや猫ちゃん以外でペットとして飼うことができる動物たちのこと。
フェレットやインコなどの比較的身近な小動物からちょっとマニアックな爬虫類、そしてこれ
飼えるの？ と驚くような動物まで、あみぐるみで可愛く仕上げました。
お気に入りのペットをたくさん編んでいただけたら嬉しいです。

ほし☆みつき ミッキーマウスのあみぐるみキットを買ったことがきっかけで独学で編みぐるみを学び、クラフト作家と
して独立。「なんでもあみぐるみで表現」をモットーに活動している。2002年には犬の編みぐるみに特化した自身の
ホームページを開設。このサイトが評判となり、愛犬雑誌等に取り上げられるようになる。最初の著書『編み犬の毎日』
は大きな反響を呼び、以来国内外で著書出版が続く。現在では日本語版のほか、英語・中国語・韓国語・仏語・タ
イ語・オランダ語・スウェーデン語・ハンガリー語・デンマーク語など、25タイトルが海外で出版されている。

Staff

◆写真（口絵・カバー）
落合里美

◆写真（目次、38～49ページ）
中辻 渉

◆スタイリング
南雲久美

◆ブックデザイン
岡村伊都

◆作り方イラスト・編み図イラスト
岡村伊都

◆校閲
株式会社鷗来堂

◆編集
植田阿希（Pont Cerise）

◆企画協力
種田心吾（株式会社リーブルテック）

ほし☆みつきのあみあみエキゾチックアニマル

2021年（令和3年）12月30日　初版第1刷発行

著　者　　ほし☆みつき

発行者　　石井 悟

発行所　　株式会社自由国民社
　　　　　〒171-0033　東京都豊島区高田3-10-11
　　　　　http://www.jiyu.co.jp/
　　　　　電話03-6233-0781（代表）

印刷所・製本所　　株式会社リーブルテック

©2021 Printed in Japan.　乱丁本・落丁本はお取り替えいたします。